Shadows in the Forest And Other Bilingual Norwegian-English Stories

Pomme Bilingual

Published by Pomme Bilingual, 2024.

While every precaution has been taken in the preparation of this book, the publisher assumes no responsibility for errors or omissions, or for damages resulting from the use of the information contained herein.

SHADOWS IN THE FOREST AND OTHER BILINGUAL NORWEGIAN-ENGLISH STORIES

First edition. December 5, 2024.

Copyright © 2024 Pomme Bilingual.

ISBN: 979-8230570950

Written by Pomme Bilingual.

Table of Contents

Fjordenes Hemmelighet

Sofie Ellingsen stirret ut over den rolige overflaten av Geirangerfjorden. Fjellene rundt var innhyllet i morgentåke, som om de forsøkte å skjule hemmelighetene sine for henne. Hun hadde ankommet gården sent kvelden før, etter å ha kjørt flere timer fra Oslo. Det gamle huset lå tungt i terrenget, som om det hadde vokst sammen med fjellet bak det. Nå, i dagslys, kunne hun se hvor forfallent det var. Taket hadde hull, malingen flasset, og hagen var overgrodd med ugress.

Hun hadde aldri trodd hun skulle arve noe slikt. Onkelen, som hun knapt hadde kjent, hadde etterlatt gården til henne i testamentet sitt. Hun hadde ikke engang visst at familien eide et sted ved fjorden.

Da hun gikk mot hoveddøren, kom en mann ut fra siden av huset. Han var høy og kraftig, med en værbitt hud og grått hår som stod til alle kanter.

– Sofie Ellingsen? spurte han med en dyp stemme.

– Ja, det er meg. Og du er?

– Knut Håvik. Jeg har vært vaktmester her i mange år. Din onkel ansatte meg.

Sofie smilte svakt og nikket. – Jeg ser at stedet trenger mye arbeid.

Knut løftet et øyenbryn. – Det er mer ved dette huset enn det som møter øyet.

De neste dagene brukte Sofie tiden på å utforske huset. Rommene var fylt med støv og gamle møbler. Hun fant bokhyller med bøker som luktet mugg, kister fylt med falmede klær, og et loft fullt av rot. Men det var da hun åpnet en låst skuff i onkelens skrivebord at hun fant noe uventet.

Inni skuffen lå det en bunke med gamle brev og et fotografi av en kvinne. Hun var vakker, med mørkt hår og et alvorlig uttrykk. På baksiden av bildet stod det skrevet: **Astrid Ellingsen, 1943.**

Sofie hadde aldri hørt om Astrid. Hun tok brevene og begynte å lese. Det ble raskt klart at Astrid var en av deres forfedre, men historien hennes var alt annet enn enkel. Brevene fortalte om et kjærlighetsforhold som hadde gått galt, og en hemmelighet som kunne ha kostet henne livet.

Da Sofie konfronterte Knut med brevene, ble han merkelig stille. – Astrid... Hun var en bemerkelsesverdig kvinne, sa han til slutt. – Men det er mange her i området som helst ikke vil snakke om henne.

– Hvorfor ikke? spurte Sofie.

– Fordi hennes historie er full av skandale og tragedie. Noen sier at hun ble drept.

Sofie frøs til. – Drept? Hvorfor?

Knut ristet på hodet. – Det er ikke min historie å fortelle. Men hvis du vil vite sannheten, må du se i kjelleren.

Sofie nølte først. Kjelleren hadde virket kald og truende helt siden hun ankom huset. Men nå, bevæpnet med en lommelykt og sitt eget mot, bestemte hun seg for å gå ned.

Trappene knirket under henne. Lukten av fuktighet fylte luften. Til slutt nådde hun en stor, rusten dør. Bak den fant hun et rom som så ut som et gammelt lager. Men det som fanget oppmerksomheten hennes var en kiste i hjørnet.

Hun åpnet kisten med skjelvende hender. Inni fant hun en dagbok, en gammel kjole flekket med noe som kunne være blod, og et smykke med initialene **A.E.**

Da hun bladde gjennom dagboken, begynte Astrids historie å tre frem. Hun hadde blitt forrådt av en nær venn, en som hadde ønsket både hennes formue og hennes liv. Brevene og dagboken avslørte også noe enda mørkere: en morder som fortsatt kunne ha etterkommere i området.

Med hjelp av Knut og noen lokale historier samlet Sofie brikkene. Astrid hadde blitt drept, men hennes morder hadde aldri blitt avslørt. Sofie bestemte seg for å gi Astrid en stemme og lot historien hennes bli kjent.

Men det var en kveld, mens Sofie satt i stuen, at hun hørte en lyd utenfor. Da hun åpnet døren, stod en eldre kvinne der. Hun så på Sofie med kalde øyne.

– Du burde ikke grave i fortiden, sa hun.

Sofie kjente igjen kvinnen fra gamle bilder i huset. Hun var en etterkommer av Astrids forræder, og det var tydelig at historien fremdeles hadde makt over området.

I løpet av sommeren fikk Sofie avdekket sannheten om Astrid, og hun fikk huset restaurert. Historien ble publisert i en lokal avis, og det førte til både oppmerksomhet og debatt i området.

Fjorden, med sin mystiske skjønnhet, holdt fremdeles på mange hemmeligheter. Men én ting visste Sofie nå: noen hemmeligheter må frem i lyset, uansett hvor mørke de er.

The Secret of the Fjords

Sofie Ellingsen stared out over the calm surface of Geirangerfjord. The mountains around her were shrouded in morning mist, as if they were trying to hide their secrets from her. She had arrived at the farm late the night before, after driving for several hours from Oslo. The old house sat heavily on the land, as if it had grown into the mountain behind it. Now, in daylight, she could see how dilapidated it was. The roof had holes, the paint was peeling, and the garden was overgrown with weeds.

She had never thought she would inherit something like this. Her uncle, whom she had barely known, had left the farm to her in his will. She hadn't even known that her family owned a place by the fjord.

As she walked toward the front door, a man came out from the side of the house. He was tall and sturdy, with weathered skin and gray hair sticking out in all directions.

"Are you Sofie Ellingsen?" he asked in a deep voice.

"Yes, that's me. And you are?"

"Knut Håvik. I've been the caretaker here for many years. Your uncle hired me."

Sofie smiled faintly and nodded. "I can see the place needs a lot of work."

Knut raised an eyebrow. "There's more to this house than meets the eye."

In the following days, Sofie spent her time exploring the house. The rooms were filled with dust and old furniture. She found bookshelves filled with moldy books, chests full of faded clothes, and an attic full of clutter. But it was when she opened a locked drawer in her uncle's desk that she found something unexpected.

Inside the drawer was a pile of old letters and a photograph of a woman. She was beautiful, with dark hair and a serious expression. On the back of the photo was written: **Astrid Ellingsen, 1943.**

Sofie had never heard of Astrid. She took the letters and began to read. It quickly became clear that Astrid was one of their ancestors, but her story was anything but simple. The letters told of a love affair that had gone wrong, and a secret that could have cost her life.

When Sofie confronted Knut with the letters, he grew strangely quiet. "Astrid... She was a remarkable woman," he said after a pause. "But there are many here in the area who prefer not to talk about her."

"Why not?" Sofie asked.

"Because her story is full of scandal and tragedy. Some say she was murdered."

Sofie froze. "Murdered? Why?"

Knut shook his head. "It's not my story to tell. But if you want to know the truth, you need to look in the basement."

Sofie hesitated at first. The basement had felt cold and threatening ever since she arrived at the house. But now, armed with a flashlight and her own courage, she decided to go down.

The stairs creaked under her feet. The smell of dampness filled the air. Finally, she reached a large, rusty door. Behind it, she found a room that looked like an old storage space. But what caught her attention was a chest in the corner.

She opened the chest with trembling hands. Inside, she found a diary, an old dress stained with something that could have been blood, and a piece of jewelry with the initials **A.E.**

As she flipped through the diary, Astrid's story began to unfold. She had been betrayed by a close friend, someone who had wanted both her fortune and her life. The letters and the diary also revealed something even darker: a murderer who might still have descendants in the area.

With Knut's help and some local stories, Sofie pieced the puzzle together. Astrid had been murdered, but her killer had never been revealed. Sofie decided to give Astrid a voice and made her story known.

But one evening, while Sofie was sitting in the living room, she heard a sound outside. When she opened the door, an older woman stood there. She looked at Sofie with cold eyes.

"You shouldn't dig into the past," she said.

Sofie recognized the woman from old pictures in the house. She was a descendant of Astrid's betrayer, and it was clear that the story still held power over the area.

Over the summer, Sofie uncovered the truth about Astrid, and she had the house restored. The story was published in a local newspaper, which sparked both attention and debate in the area.

The fjord, with its mysterious beauty, still held many secrets. But one thing Sofie knew now: some secrets must come to light, no matter how dark they are.

Det Forsvunne Manuskriptet

Torvald Vik likte å tro at han var en detektiv – i hvert fall i sitt eget hode. Selv om hans daglige jobb som bibliotekar på Deichmanske Bibliotek i Oslo stort sett innebar å sortere bøker og hjelpe studenter med å finne frem i hyllene, levde han for de små mysteriene som dukket opp fra tid til annen.

Denne morgenen startet som de fleste andre. Torvald nippet til en kopp te mens han sorterte en stabel med bøker som skulle tilbake i arkivet. Kollegene hans var i ferd med å forberede lesesalene for dagens besøkende. Men så dukket Elise Mortensen opp, med et bekymret uttrykk og en mappe i hendene.

– Torvald, vi har et problem, sa hun med lav stemme.

– Hva slags problem? spurte Torvald, og satte fra seg teen.

Elise la mappen på bordet foran ham. – Manuskriptet til **"Nordlys og Myter"** er borte.

Torvald hevet øyenbrynene. Det var et sjeldent manuskript fra 1800-tallet, skrevet av en av Norges mest kjente folkeminneforskere. Det var bibliotekets stolthet, og hadde nettopp blitt lånt ut til en forsker for en spesiell utstilling.

– Borte? Hvordan kan noe så verdifullt bare forsvinne? spurte Torvald.

Elise sukket. – Det er det jeg håper du kan finne ut av.

Torvald startet etterforskningen med det mest opplagte stedet: låneloggen. Manuskriptet hadde sist vært i hendene på Professor Harald Åsheim, en kjent, men noe eksentrisk akademiker som spesialiserte seg på norrøn mytologi.

– Åsheim, ja, mumlet Torvald for seg selv. – Han er kjent for å være litt... slurvete.

Torvald besøkte professoren på kontoret hans ved Universitetet i Oslo. Kontoret var som et kaos av bøker, papirer og uåpnede kaffekopper. Professor Åsheim satt bak en stor pult og så irritert ut da Torvald kom inn.

– Hva kan jeg hjelpe deg med? spurte han, uten å reise seg.

– Jeg undersøker forsvinningen av manuskriptet "Nordlys og Myter". Det var sist registrert hos deg, professor.

Åsheim hevet et øyenbryn. – Jeg leverte det tilbake for en uke siden. Jeg har kvitteringen.

Torvald tok imot kvitteringen og studerte den. Den var gyldig, men noe ved Åsheims uttrykk virket... nervøst.

– Takk, professor, sa Torvald og forlot kontoret. Men han visste at han måtte grave dypere.

Torvald delte sine tanker med Elise senere på dagen.

– Åsheim påstår at han leverte det tilbake, men jeg mistenker at han vet mer enn han sier.

– Hva gjør vi nå? spurte Elise.

– Vi undersøker arkivene. Hvis manuskriptet faktisk er tilbake, må vi finne det. Hvis ikke, må vi finne ut hvorfor det mangler.

Torvald og Elise jobbet til sent på kvelden. De gikk gjennom alle hyller, kasser og skap hvor manuskriptet kunne ha havnet ved en feil. Men det var ingen tegn til det.

Da Torvald så på kvitteringen igjen, la han merke til noe uvanlig: datoen for returen stemte overens med en dag hvor Åsheim hadde holdt et foredrag om nettopp norrøne myter.

– Jeg tror han brukte manuskriptet i foredraget, sa Torvald. – Og kanskje han aldri leverte det tilbake.

Torvald bestemte seg for å konfrontere Åsheim igjen, denne gangen på en mer indirekte måte. Han besøkte en bokhandler i nærheten som spesialiserte seg på sjeldne bøker.

– Har professor Åsheim vært innom i det siste? spurte han eieren.

Bokhandleren, en eldre mann med briller, nikket. – Ja, faktisk. Han hadde med seg et manuskript han ønsket å få vurdert.

Torvald følte et rush av triumf. – Kan du beskrive det?

– Det var gammelt, med brunt lærbind og en slitt tittel som sa "Nordlys og Myter".

Torvald visste at han hadde rett. Han dro umiddelbart tilbake til universitetet og ventet på at Åsheim skulle avslutte dagens forelesning.

– Professor, jeg vet at du prøvde å få manuskriptet vurdert hos en bokhandler, sa Torvald bestemt.

Åsheim ble blek. – Jeg... jeg kan forklare! Det var bare en feilvurdering. Jeg skulle levere det tilbake.

– Feilvurdering eller ikke, det er bibliotekets eiendom, og vi tar dette svært alvorlig, svarte Torvald.

Manuskriptet ble returnert til biblioteket dagen etter. Åsheim unngikk så vidt å bli anmeldt, takket være Torvalds diplomatiske ferdigheter.

– Du reddet dagen, Torvald, sa Elise med et smil. – Igjen.

Torvald trakk på skuldrene. – Noen ganger handler det bare om å lese mellom linjene, både i bøker og mennesker.

Og med det gikk han tilbake til sitt vanlige liv som bibliotekar, alltid på utkikk etter neste mysterium.

The Missing Manuscript

Torvald Vik liked to think of himself as a detective – at least in his own mind. Although his daily job as a librarian at Deichmanske Library in Oslo mostly involved sorting books and helping students find their way around the shelves, he lived for the little mysteries that popped up from time to time.

That morning started like most others. Torvald sipped a cup of tea as he sorted through a stack of books to be returned to the archive. His colleagues were busy preparing the reading rooms for the day's visitors. But then Elise Mortensen appeared, her face full of concern and a folder in her hands.

"Torvald, we have a problem," she said in a low voice.

"What kind of problem?" Torvald asked, setting his tea aside.

Elise placed the folder on the table in front of him. "The manuscript for *'Northern Lights and Myths'* is missing."

Torvald raised an eyebrow. It was a rare 19th-century manuscript, written by one of Norway's most famous folklorists. It was the pride of the library, and had just been loaned to a researcher for a special exhibition.

"Missing? How can something so valuable just disappear?" Torvald asked.

Elise sighed. "That's what I hope you can figure out."

Torvald began the investigation at the most obvious place: the loan log. The manuscript had last been in the hands of Professor Harald Åsheim, a well-known but somewhat eccentric scholar who specialized in Norse mythology.

"Åsheim, yes," Torvald muttered to himself. "He's known for being a bit... careless."

Torvald visited the professor's office at the University of Oslo. The office was a chaos of books, papers, and unopened coffee cups. Professor Åsheim sat behind a large desk, looking irritated when Torvald entered.

"What can I do for you?" he asked, without standing.

"I'm investigating the disappearance of the manuscript *Northern Lights and Myths.*' It was last registered to you, professor."

Åsheim raised an eyebrow. "I returned it a week ago. I have the receipt."

Torvald took the receipt and studied it. It was valid, but something about Åsheim's expression seemed... nervous.

"Thank you, professor," Torvald said, leaving the office. But he knew he had to dig deeper.

Torvald shared his thoughts with Elise later that day.

"Åsheim claims he returned it, but I suspect he knows more than he's letting on."

"What do we do now?" Elise asked.

"We investigate the archives. If the manuscript really is back, we need to find it. If not, we need to figure out why it's missing."

Torvald and Elise worked late into the evening, going through all the shelves, boxes, and cupboards where the manuscript might have accidentally ended up. But there was no sign of it.

When Torvald looked at the receipt again, he noticed something unusual: the return date matched a day when Åsheim had given a lecture specifically on Norse myths.

"I think he used the manuscript in his lecture," Torvald said. "And maybe he never returned it."

Torvald decided to confront Åsheim again, this time more indirectly. He visited a nearby bookstore that specialized in rare books.

"Has Professor Åsheim been by lately?" he asked the owner.

The bookseller, an older man with glasses, nodded. "Yes, actually. He brought in a manuscript he wanted to have appraised."

Torvald felt a rush of triumph. "Can you describe it?"

"It was old, with a brown leather binding and a worn title that said *Northern Lights and Myths*."

Torvald knew he was right. He immediately returned to the university and waited for Åsheim to finish his lecture.

"Professor, I know you tried to have the manuscript appraised at a bookstore," Torvald said firmly.

Åsheim went pale. "I... I can explain! It was just a misjudgment. I meant to return it."

"Misjudgment or not, it's the library's property, and we take this very seriously," Torvald replied.

The manuscript was returned to the library the next day. Åsheim narrowly avoided being reported, thanks to Torvald's diplomatic skills.

"You saved the day, Torvald," Elise said with a smile. "Again."

Torvald shrugged. "Sometimes it's just about reading between the lines, both in books and people."

And with that, he returned to his usual life as a librarian, always on the lookout for the next mystery.

Iskaldt Bedrag

Det var en mørk og kald kveld i Trondheim. Snøen falt tett, og gatelyktene kastet lange skygger over de nesten tomme gatene. Ida Bergstrøm, journalist for teknologiavdelingen i avisen *Teknisk Tidskrift*, satt ved skrivebordet sitt i redaksjonen. Hun hadde nettopp fått en e-post som skulle forandre alt.

E-posten var sendt fra en anonym kilde. Vedlagt var en samling dokumenter som avslørte alvorlige lovbrudd i AI-selskapet Hovland Dynamics – en av Norges mest innovative og kontroversielle teknologibedrifter. Kilden hevdet at disse dokumentene var samlet av Helge Solvik, en tidligere ansatt i selskapet, som nylig hadde blitt funnet død under mystiske omstendigheter.

Ida hadde fulgt Hovland Dynamics i flere år. Selskapet, ledet av den karismatiske men kyniske Leif Hovland, hadde revolusjonert bruken av kunstig intelligens i Norge. Samtidig hadde det vært omgitt av rykter om etisk tvilsomme praksiser og hemmelige avtaler med myndighetene.

Ida visste at hun måtte grave dypere. Først kontaktet hun Marta Solvik, Helges søster, som bodde i en liten leilighet i utkanten av byen.

Marta var skeptisk da hun åpnet døren, men Ida viste henne kopier av dokumentene. Marta så på dem med et alvorlig uttrykk.

– Dette er Helges arbeid, sa hun til slutt. – Han jobbet dag og natt for å samle bevis på hva som foregikk i selskapet. Men han begynte å få trusler. Så... skjedde ulykken.

– Ulykken? spurte Ida.

Marta nikket. – Politiet sa det var en ulykke. Han falt fra en bro. Men jeg vet at noen ville få ham til å tie.

Ida bestemte seg for å konfrontere Leif Hovland direkte. Hun ordnet et intervju under påskudd av å skrive en artikkel om selskapets fremtidige prosjekter.

Hovlands kontor var som forventet: minimalistisk og futuristisk, med glassvegger og høyteknologisk utstyr. Hovland selv var like selvsikker som ryktene hadde beskrevet.

– Hva kan jeg hjelpe deg med, fru Bergstrøm? spurte han og smilte kaldt.

Ida startet intervjuet med generelle spørsmål om selskapets teknologi og planer, men hun gled raskt over til å nevne Helge Solvik.

– Han var en viktig del av teamet ditt, var han ikke? spurte hun.

Hovlands smil falmet. – Helge var dyktig, men dessverre ustabil. Det var tragisk det som skjedde med ham.

Ida merket at han unngikk øyekontakt.

– Dokumentene han samlet tyder på noe annet, sa hun skarpt.

Hovland stivnet. – Jeg vet ikke hva du snakker om.

Men Ida visste at hun hadde truffet en nerve.

Med Marta ved sin side fortsatte Ida etterforskningen. Dokumentene avslørte ikke bare økonomisk korrupsjon, men også bevis på at Hovland Dynamics hadde delt sensitive AI-algoritmer med utenlandske aktører – en handling som kunne true nasjonal sikkerhet.

Ida og Marta fikk kontakt med en tidligere ansatt som var villig til å snakke anonymt. Personen bekreftet at Helge hadde vært nær ved å avsløre selskapets hemmeligheter før han døde.

– De visste at han var en trussel, sa personen over en kryptert videosamtale. – Jeg tror de fikk noen til å rydde ham av veien.

Ida skrev en eksplosiv artikkel som detaljert beskrev funnene sine, men før den kunne publiseres, mottok hun en advarsel. En e-post uten avsender dukket opp i innboksen hennes.

– Hvis du fortsetter, vil du ende opp som Helge.

Trusselen gjorde henne mer bestemt enn noen gang. Med hjelp fra Marta og sin redaktør sikret hun seg støtte fra flere medier. På utgivelsesdagen gikk historien viralt, og presset på Hovland Dynamics ble umiddelbart enormt.

Flere uker senere ble Leif Hovland arrestert etter en razzia av selskapet. Dokumentene Ida hadde publisert førte til en omfattende etterforskning. Marta følte en bittersøt lettelse.

– Helge ville ha vært stolt av deg, sa hun til Ida under en kopp kaffe på en liten kafé.

Ida smilte svakt. – Jeg gjorde bare jobben min. Men uten din hjelp, kunne vi aldri ha fått frem sannheten.

Snøen falt igjen over Trondheim. Ida visste at kampen mot korrupsjon aldri var over, men denne gangen hadde sannheten seiret – om enn midlertidig.

Icy Deception

It was a dark and cold evening in Trondheim. The snow was falling heavily, and the streetlights cast long shadows over the nearly empty streets. Ida Bergstrøm, a journalist in the technology department of *Teknisk Tidskrift*, sat at her desk in the newsroom. She had just received an email that would change everything.

The email was sent from an anonymous source. Attached were a collection of documents that revealed serious crimes at Hovland Dynamics, one of Norway's most innovative and controversial tech companies. The source claimed these documents had been gathered by Helge Solvik, a former employee who had recently been found dead under mysterious circumstances.

Ida had been following Hovland Dynamics for years. The company, led by the charismatic yet cynical Leif Hovland, had revolutionized the use of artificial intelligence in Norway. At the same time, it had been surrounded by rumours of ethically questionable practices and secret agreements with the government.

Ida knew she had to dig deeper. She first contacted Marta Solvik, Helge's sister, who lived in a small apartment on the outskirts of the city.

Marta was skeptical when she opened the door, but Ida showed her copies of the documents. Marta looked at them with a serious expression.

"These are Helge's work," she finally said. "He worked day and night to gather evidence of what was going on at the company. But he started getting threats. Then... the accident happened."

"The accident?" asked Ida.

Marta nodded. "The police said it was an accident. He fell from a bridge. But I know someone wanted to silence him."

Ida decided to confront Leif Hovland directly. She arranged an interview under the pretense of writing an article about the company's future projects.

Hovland's office was as expected: minimalist and futuristic, with glass walls and high-tech equipment. Hovland himself was as confident as the rumours had described.

"How can I help you, Mrs. Bergstrøm?" he asked, smiling coldly.

Ida started the interview with general questions about the company's technology and plans, but she quickly shifted to mention Helge Solvik.

"He was an important part of your team, wasn't he?" she asked.

Hovland's smile faded. "Helge was talented, but unfortunately unstable. It was tragic what happened to him."

Ida noticed he was avoiding eye contact.

"The documents he gathered suggest otherwise," she said sharply.

Hovland froze. "I don't know what you're talking about."

But Ida knew she had hit a nerve.

With Marta by her side, Ida continued the investigation. The documents revealed not only financial corruption but also evidence that Hovland Dynamics had shared sensitive AI algorithms with foreign actors – an action that could threaten national security.

Ida and Marta got in touch with a former employee who was willing to speak anonymously. The person confirmed that Helge had been close to exposing the company's secrets before his death.

"They knew he was a threat," the person said over an encrypted video call. "I think they had someone take care of him."

Ida wrote an explosive article detailing her findings, but before it could be published, she received a warning. An email with no sender appeared in her inbox.

"If you continue, you'll end up like Helge."

The threat only made her more determined than ever. With the help of Marta and her editor, she secured support from several media outlets. On the day of publication, the story went viral, and the pressure on Hovland Dynamics was immediately overwhelming.

Several weeks later, Leif Hovland was arrested after a raid on the company. The documents Ida had published led to a comprehensive investigation. Marta felt a bittersweet sense of relief.

"Helge would have been proud of you," she said to Ida over a cup of coffee at a small café.

Ida smiled faintly. "I just did my job. But without your help, we could never have brought the truth to light."

The snow was falling again over Trondheim. Ida knew the fight against corruption was never over, but this time, the truth had triumphed – at least, for now.

Sommernattens Skrekk

Det var en sommernatt i Kragerø, og himmelen var opplyst av et mykt, gyllent skjær. På brygga danset folk til lyden av trekkspill og latter mens båtene duppet rolig på det blanke vannet. Det årlige sankthansbålet hadde nettopp blitt tent, og flammene lyste opp ansiktene til de som sto samlet rundt det.

Eirik Haugen, den populære skolelæreren, nippet til et glass limonade mens han betraktet festlighetene. Han likte disse tradisjonene; de var en påminnelse om fellesskapet som bandt den lille byen sammen. Men denne kvelden skulle snart ta en mørk vending.

Mens festdeltakerne begynte å trekke mot bålet, var det et skrik som skar gjennom natten. Latteren og musikken stilnet brått.

– Hjelp! ropte en ung kvinne. – Det er noen her... hun er... død!

Eirik og flere andre løp mot skrikene, som kom fra en sti i skogen like ved stranden. Der, blant bregner og skygger, lå en ung kvinne i en hvit sommerkjole. Kroppen var livløs, og den ble raskt identifisert som Hanne Lind, en av byens mest livlige og omgjengelige innbyggere.

Politiet ble tilkalt, og snart var området sperret av. Men i en liten by som Kragerø tok ryktene fart før blålysene hadde rukket å komme.

Dagen etter var hele byen i sjokk. På skolen var stemningen trykket, og selv barna, som vanligvis var livlige og bråkete, var mer stille enn vanlig.

Eirik hadde alltid hatt en interesse for mysterier. Som ung hadde han slukt krimromaner og sett for seg selv som en detektiv. Nå, med Hannes død, følte han en trang til å finne ut hva som hadde skjedd.

Han begynte å stille spørsmål blant kollegaer og naboer. Ryktene gikk om at Hanne hadde hatt en turbulent relasjon med kjæresten sin, Jens Lunde, som også hadde vært på festen. Flere hadde sett dem krangle samme kveld.

Eirik bestemte seg for å besøke Jens.

Jens bodde i en liten leilighet over et bakeri i sentrum. Han åpnet døren med rødsprengte øyne og en flaske øl i hånden.

– Hva vil du? spurte han surt.

– Jeg vil bare snakke, svarte Eirik. – Om Hanne.

Jens himlet med øynene, men lot ham komme inn.

– Hanne og jeg hadde våre problemer, det skal jeg ikke nekte for, sa Jens etter litt press. – Men jeg elsket henne. Jeg ville aldri gjort henne noe vondt.

Eirik lot blikket gli rundt i leiligheten og la merke til et par blodige lommetørklær i søppelbøtten.

– Hva skjedde med disse? spurte han og pekte.

Jens nølte. – Jeg skadet meg på en knust flaske på festen, svarte han til slutt.

Eirik følte seg ikke overbevist, men uten bevis kunne han ikke gjøre annet enn å notere seg detaljene.

Eirik fortsatte å grave. Flere naboer hadde historier om Hanne og Jens' volatile forhold, men det var først da han snakket med Grete, en eldre kvinne som bodde ved skogen, at han fikk en ny ledetråd.

– Jeg hørte stemmer sent på natten, sa Grete. – En kvinne som ropte, og så en mann som mumlet noe. Jeg så en skikkelse løpe fra skogen mot veien.

Eirik dro tilbake til åstedet, der han la merke til noe han ikke hadde sett før: et armbånd som lå delvis skjult under noen blader. Han plukket det opp og gjenkjente initialene: J.L.

Med armbåndet i hånden konfronterte Eirik Jens igjen, denne gangen med en viss selvsikkerhet.

– Dette tilhører deg, ikke sant? spurte han og holdt opp armbåndet.

Jens ble blek. – Hvor fant du det?

– I skogen, der Hanne ble funnet, svarte Eirik.

Jens' skuldre sank, og tårene begynte å renne. – Det var en ulykke, hulket han. – Vi kranglet, og hun slo meg. Jeg dyttet henne, og hun falt... Hun traff en stein. Jeg visste ikke hva jeg skulle gjøre!

Eirik kontaktet politiet, og Jens ble arrestert. Selv om Jens hevdet at det ikke var meningen, var det ingen unnskyldning for å forlate Hanne der alene.

Byen Kragerø var stille igjen etter noen turbulente uker. Eirik gikk tilbake til hverdagen som lærer, men det føltes annerledes nå. Han hadde løst et mysterium, men det hadde kostet en ung kvinne livet.

På en måte følte han en viss tilfredshet over at sannheten hadde kommet frem. Men han visste også at Kragerø aldri ville være helt det samme igjen.

The Summer Night's Terror

———

It was a summer night in Kragerø, and the sky was lit with a soft, golden glow. On the dock, people danced to the sound of an accordion and laughter while boats bobbed peacefully on the smooth water. The annual Midsummer bonfire had just been lit, and the flames illuminated the faces of those gathered around it.

Eirik Haugen, the popular school teacher, sipped on a glass of lemonade as he watched the festivities. He enjoyed these traditions; they were a reminder of the community that bound the small town together. But this evening was soon to take a dark turn.

As the partygoers began to gather around the bonfire, a scream pierced the night. The laughter and music suddenly stopped.

"Help!" shouted a young woman. "There's someone here... she's... dead!"

Eirik and several others rushed towards the screams, which were coming from a trail in the woods near the beach. There, among ferns and shadows, lay a young woman in a white summer dress. Her body was lifeless, and she was quickly identified as Hanne Lind, one of the town's liveliest and most sociable residents.

The police were called, and soon the area was cordoned off. But in a small town like Kragerø, rumors spread faster than the blue lights could arrive.

The next day, the entire town was in shock. The atmosphere at school was heavy, and even the children, usually lively and noisy, were quieter than usual.

Eirik had always had an interest in mysteries. As a young man, he devoured crime novels and imagined himself as a detective. Now, with Hanne's death, he felt a strong urge to find out what had happened.

He began asking questions among colleagues and neighbors. Rumors circulated that Hanne had had a turbulent relationship with her boyfriend, Jens Lunde, who had also been at the party. Several people had seen them arguing that very evening.

Eirik decided to visit Jens.

Jens lived in a small apartment above a bakery in the town center. He opened the door with bloodshot eyes and a beer bottle in his hand.

"What do you want?" he asked gruffly.

"I just want to talk," Eirik replied. "About Hanne."

Jens rolled his eyes but let him inside.

"Hanne and I had our issues, I won't deny that," Jens said after some prodding. "But I loved her. I would never hurt her."

Eirik's gaze wandered around the apartment, and he noticed a couple of bloodstained handkerchiefs in the trash can.

"What happened with these?" he asked, pointing.

Jens hesitated. "I cut myself on a broken bottle at the party," he finally answered.

Eirik wasn't convinced, but without any proof, he could do nothing but make a note of the details.

Eirik continued his investigation. Several neighbors had stories about Hanne and Jens' volatile relationship, but it was when he spoke with Grete, an older woman who lived near the woods, that he got a new lead.

"I heard voices late at night," Grete said. "A woman shouting, and then a man muttering something. I saw a figure running from the woods toward the road."

Eirik returned to the scene, where he noticed something he hadn't seen before: a bracelet partially hidden under some leaves. He picked it up and recognized the initials: J.L.

With the bracelet in hand, Eirik confronted Jens once again, this time with more confidence.

"This belongs to you, doesn't it?" Eirik asked, holding up the bracelet.

Jens turned pale. "Where did you find that?"

"In the woods, where Hanne was found," Eirik replied.

Jens' shoulders slumped, and tears began to fall. "It was an accident," he sobbed. "We argued, and she slapped me. I pushed her, and she fell... She hit a rock. I didn't know what to do!"

Eirik contacted the police, and Jens was arrested. Although Jens claimed it was unintentional, there was no excuse for leaving Hanne alone there.

The town of Kragerø was calm again after a few turbulent weeks. Eirik returned to his routine as a teacher, but it felt different now. He had solved a mystery, but it had cost a young woman her life.

In a way, he felt a sense of satisfaction that the truth had come to light. But he also knew that Kragerø would never quite be the same again.

Skygger i Skogen

Tåkedisen lå lavt over skogen, og den lille hytta ved innsjøen var nesten usynlig mellom de høye furutrærne. Dette var Finnmark, der naturen kunne skjule både skatter og hemmeligheter. Men denne gangen skjulte den noe mørkere – et mord.

Det var i grålysningen da lensmann Rolf Magnussen steg ut av bilen sin og så mot hytta. En patruljebil sto allerede parkert utenfor, og en ung konstabel vinket ham inn.

– Offeret er Henrik Aas, sa konstabelen. – En eneboer, men rik som få. Han ble funnet død i stua.

Rolf nikket og gikk inn i hytta. Der, midt på gulvet, lå Henrik Aas. Det var ingen tvil – dette var drap. Hodet hans hadde et dypt kutt, og det lå en blodig øks på gulvet ved siden av ham.

– Hvem fant ham? spurte Rolf.

– Datteren hans, Kristin Aas, svarte konstabelen. – Hun kom hit i går kveld for å besøke ham.

Kristin satt på en trebenk utenfor hytta. Hun var kledd i en tykk jakke og hadde et skjerf surret rundt halsen, men ansiktet var blekt.

– Jeg hadde ikke sett faren min på flere år, sa hun med skjelvende stemme. – Vi hadde et vanskelig forhold, men jeg følte at jeg måtte prøve å forsone oss.

– Og hva skjedde da du kom hit? spurte Rolf.

– Han var ikke der da jeg kom, så jeg ventet. Det begynte å bli sent, og da jeg gikk inn i hytta igjen, fant jeg ham slik... døde...

Rolf betraktet henne nøye. Det var noe ved måten hun snakket på, en undertone av noe usagt.

Rolf bestemte seg for å snakke med Bjørn Holm, en lokal guide som ofte jobbet for Henrik. Bjørn hadde vært en nær venn av den gamle mannen og var kjent for å være en av de få som Henrik stolte på.

Bjørn var en høy, værbitt mann med et dypt arr over venstre kinn. Han sto utenfor sin egen hytte, et par kilometer unna åstedet, og kuttet ved med en kniv.

– Henrik var en spesiell mann, sa Bjørn da Rolf stilte spørsmål. – Han holdt seg for seg selv, men han var ikke ond. Jeg vet ikke hvem som kunne gjort dette mot ham.

– Var det noe uvanlig de siste dagene? spurte Rolf.

Bjørn tenkte seg om. – Han nevnte at han hadde mottatt trusler. Noe om gamle familiehemmeligheter som noen ville ha penger for å holde skjult.

Tilbake i byen begynte Rolf å undersøke Henrik Aas' bakgrunn. Det viste seg at Henrik hadde vært involvert i en rettstvist med flere familiemedlemmer for mange år siden, da han hadde arvet en betydelig formue. En av dem, en fetter ved navn Marius Strand, hadde nylig dukket opp i området.

Rolf sporet Marius til en liten campingplass ikke langt fra hytta.

– Jeg hadde ingenting med det å gjøre, protesterte Marius da han ble konfrontert. – Jeg ville bare ha det som rettmessig tilhører meg.

Rolf la merke til at Marius virket nervøs, men det var noe annet som fanget oppmerksomheten hans – et par gjørmete støvler ved inngangen til teltet.

Rolf ba en av sine kolleger ta prøver fra støvlene. I mellomtiden dro han tilbake til hytta for å se nærmere på åstedet. Denne gangen oppdaget han noe som hadde blitt oversett tidligere: et brev som lå halvveis gjemt under Henrik Aas' skrivebord.

Brevet var fra Kristin. Hun hadde skrevet til faren for flere uker siden, og tonen var langt fra forsonende. Hun krevde penger og truet med å avsløre en hemmelighet hvis han ikke betalte.

Prøvene fra støvlene bekreftet Rolf sine mistanker. Jorden på støvlene samsvarte med jorden ved åstedet. Men det var ikke Marius som var morderen.

Rolf samlet Kristin og Bjørn ved lensmannskontoret.

– Jeg vet hva som skjedde, sa han. – Kristin, du dro til hytta for å presse faren din for penger, men han nektet. Det ble en krangel, og du drepte ham i sinne.

– Det er ikke sant! protesterte hun, men Rolf fortsatte.

– Og du, Bjørn, du hjalp henne med å dekke over det. Du flyttet på bevisene for å få det til å se ut som et innbrudd.

Bjørn reiste seg. – Jeg visste ikke hva annet jeg skulle gjøre. Hun ba om hjelp, og jeg… jeg følte meg presset.

Kristin og Bjørn ble begge arrestert. Mens Kristin nektet for alt, begynte Bjørn til slutt å snakke. Han innrømmet sin rolle, og bevisene mot Kristin var overveldende.

Rolf følte en blanding av tilfredshet og sorg. Han hadde løst saken, men den hadde etterlatt et arr i det lille samfunnet. Finnmarks skoger var ikke bare et sted for stillhet og skjønnhet lenger – de bar nå også skygger av en mørk hemmelighet.

Shadows in the Forest

The mist hung low over the forest, and the small cabin by the lake was almost invisible among the tall pine trees. This was Finnmark, where nature could hide both treasures and secrets. But this time, it concealed something darker – a murder.

It was in the early dawn when Sheriff Rolf Magnussen stepped out of his car and looked toward the cabin. A patrol car was already parked outside, and a young constable waved him in.

"The victim is Henrik Aas," said the constable. "A hermit, but as rich as anyone. He was found dead in the living room."

Rolf nodded and walked into the cabin. There, in the middle of the floor, lay Henrik Aas. There was no doubt – this was murder. His head had a deep gash, and a bloody axe lay on the floor next to him.

"Who found him?" asked Rolf.

"His daughter, Kristin Aas," the constable replied. "She came here last night to visit him."

Kristin sat on a wooden bench outside the cabin. She was wearing a thick jacket and had a scarf wrapped around her neck, but her face was pale.

"I hadn't seen my father for years," she said in a trembling voice. "We had a difficult relationship, but I felt like I had to try to make amends."

"And what happened when you arrived here?" Rolf asked.

"He wasn't here when I arrived, so I waited. It started to get late, and when I went back inside the cabin, I found him like this... dead..."

Rolf studied her carefully. There was something in the way she spoke, an undertone of something unsaid.

Rolf decided to speak with Bjørn Holm, a local guide who often worked for Henrik. Bjørn had been a close friend of the old man and was one of the few people Henrik trusted.

Bjørn was a tall, weathered man with a deep scar across his left cheek. He stood outside his own cabin, a couple of kilometers from the scene, chopping wood with a knife.

"Henrik was a special man," Bjørn said when Rolf asked questions. "He kept to himself, but he wasn't evil. I don't know who could have done this to him."

"Was there anything unusual in the last few days?" Rolf asked.

Bjørn thought for a moment. "He mentioned that he'd received threats. Something about old family secrets that someone wanted money to keep hidden."

Back in town, Rolf began to investigate Henrik Aas' background. It turned out that Henrik had been involved in a legal dispute with several family members many years ago when he inherited a significant fortune. One of them, a cousin named Marius Strand, had recently appeared in the area.

Rolf traced Marius to a small campsite not far from the cabin.

"I had nothing to do with it," Marius protested when confronted. "I just wanted what rightfully belongs to me."

Rolf noticed that Marius seemed nervous, but something else caught his attention – a pair of muddy boots by the entrance of the tent.

Rolf had one of his colleagues collect samples from the boots. In the meantime, he returned to the cabin to take another look at the crime scene. This time, he discovered something that had been overlooked earlier: a letter half-hidden under Henrik Aas' desk.

The letter was from Kristin. She had written to her father weeks ago, and the tone was far from conciliatory. She demanded money and threatened to expose a secret if he didn't pay.

The samples from the boots confirmed Rolf's suspicions. The dirt on the boots matched the soil at the crime scene. But Marius was not the murderer.

Rolf gathered Kristin and Bjørn at the sheriff's office.

"I know what happened," he said. "Kristin, you came to the cabin to pressure your father for money, but he refused. There was an argument, and you killed him in a fit of rage."

"That's not true!" she protested, but Rolf continued.

"And you, Bjørn, you helped her cover it up. You moved the evidence to make it look like a break-in."

Bjørn stood up. "I didn't know what else to do. She asked for help, and I... I felt pressured."

Kristin and Bjørn were both arrested. While Kristin denied everything, Bjørn eventually started to talk. He admitted his role, and the evidence against Kristin was overwhelming.

Rolf felt a mixture of satisfaction and sorrow. He had solved the case, but it had left a scar in the small community. Finnmark's forests were no longer just a place of silence and beauty – they now also carried the shadows of a dark secret.

Drapet på Vinmonopolet

Bergen lå badet i regn, slik den ofte gjorde, da Svein Haugland gikk inn på Vinmonopolet på Strandgaten. Han var ikke der for å handle. Svein hadde vært ute av fengsel i seks måneder, men gamle vaner var vanskelige å legge bak seg.

To menn stormet inn kort tid etter, iført svarte hettegensere og masker. De var ikke amatører, det var tydelig. En av dem viftet med en pistol og ropte til alle om å legge seg ned. Svein, som sto ved hyllene med whisky, frøs til is.

– Ingen rører seg, eller det smeller!

Kassereren, en ung mann med navneskiltet *Johan*, var tydelig nervøs. Han åpnet kassa og fylte en svart bag med penger. Men noe gikk galt. En kunde prøvde å snike seg mot døra, og mannen med pistolen snudde seg brått. Et skudd ble avfyrt, og Johan falt sammen bak disken.

Svein holdt pusten. Dette var ikke en del av planen – ikke hans plan, i alle fall.

Svein hadde ikke vært en del av dette ranet, men han visste at han nå var i trøbbel. Han kjente en av ranerne, Roger Evensen, en gammel rival fra gatene. Roger hadde sett Svein, og det var nok. Hvis politiet fikk høre om Svein, ville han bli trukket inn i saken – uskyldig eller ikke.

Svein bestemte seg for å dra før politiet kom, men ikke før han grep noe fra hylla – en flaske billig vodka.

Neste morgen satt Linda Grønn ved sitt skrivebord på politistasjonen. Hun var kjent for å være tøff, og denne saken var allerede i medienes søkelys. Drap på Vinmonopolet var ikke hverdagskost, selv ikke i Bergen.

– Vi har et navn, sa kollegaen hennes og la en mappe foran henne. – Svein Haugland. Han var der.

Linda løftet et øyenbryn. – Svein Haugland? Han er ute på prøvetid. Kanskje han bare var på feil sted til feil tid.

– Kanskje, men han har en historie med Roger Evensen.

Linda tok saken. Hun visste at Svein var en nøkkel til å forstå hva som hadde skjedd.

Svein visste at han måtte forsvinne, men Roger hadde andre planer. En kveld fant Svein en lapp på døra si. *"Vi må snakke. Hvis ikke, er du neste."*

Svein forsto at Roger så på ham som en trussel. Hvis Svein snakket med politiet, ville alt falle fra hverandre for Roger og hans menn. Svein bestemte seg for å finne Roger før Roger fant ham.

Svein sporet Roger til en nedlagt lagerbygning i utkanten av byen. Der, i et mørkt hjørne, satt Roger og flere av hans folk.

– Svein, du er en modig mann som kommer hit, sa Roger med et skjevt smil. – Eller dum.

– Jeg vil bare vite én ting, sa Svein. – Hvorfor? Hvorfor skyte kassereren?

Roger lo kort. – Han kjente meg igjen. Det var ikke personlig, bare nødvendighet.

Svein kjente raseriet bygge seg opp. Han hadde sett nok blod i livet sitt, og dette var unødvendig.

– Og nå, hva skal du gjøre med meg? spurte Svein.

Roger reiste seg og trakk fram en kniv. – Det spørs hva du planlegger å gjøre, Svein.

Før situasjonen kunne eskalere, stormet politiet bygningen. Linda Grønn ledet an, pistolen hevet.

– Roger Evensen, du er under arrest! ropte hun.

Roger prøvde å løpe, men Svein grep ham, slo ham til bakken og holdt ham der til politiet kom fram.

Linda så på Svein med et vurderende blikk. – Du har en interessant timing, Haugland.

– Jeg ville bare rydde opp i dette rotet, svarte Svein.

Roger og hans menn ble dømt for ran og drap. Linda Grønn anbefalte at Svein skulle få redusert straff for å ha hjulpet politiet.

Svein, for første gang på lenge, følte at han kanskje kunne begynne på nytt. Livet i Bergen ville aldri bli enkelt, men han hadde fått en ny sjanse. Kanskje denne gangen ville han klare å holde seg på rett side av loven.

Regnet fortsatte å falle over Bergen, men for Svein føltes det som en slags renselse. Skyene løftet seg, og han kunne nesten se solen bak dem.

The Murder at Vinmonopolet

B ergen was drenched in rain, as it often was, when Svein Haugland walked into the Vinmonopolet on Strandgaten. He wasn't there to shop. Svein had been out of prison for six months, but old habits were hard to break.

Two men stormed in shortly after, wearing black hoodies and masks. They weren't amateurs, that much was clear. One of them waved a gun and yelled at everyone to get down. Svein, who had been standing by the whiskey shelves, froze.

"Nobody move, or I'll shoot!"

The cashier, a young man with a name tag reading *Johan*, looked visibly nervous. He opened the register and began filling a black bag with money. But something went wrong. A customer tried to sneak towards the door, and the man with the gun turned around quickly. A shot rang out, and Johan collapsed behind the counter.

Svein held his breath. This wasn't part of the plan – not his plan, anyway.

Svein hadn't been part of the robbery, but he knew he was in trouble now. He recognized one of the robbers, Roger Evensen, an old rival from the streets. Roger had seen Svein, and that was enough. If the police found out Svein was there, he'd be dragged into the case – guilty or not.

Svein decided to leave before the police arrived, but not before grabbing something from the shelf – a bottle of cheap vodka.

The next morning, Linda Grønn sat at her desk at the police station. She was known for being tough, and this case was already under the media's scrutiny. A murder at Vinmonopolet wasn't something that happened every day, even in Bergen.

"We've got a name," said her colleague, placing a file in front of her. "Svein Haugland. He was there."

Linda raised an eyebrow. "Svein Haugland? He's on probation. Maybe he was just in the wrong place at the wrong time."

"Maybe, but he has a history with Roger Evensen."

Linda took on the case. She knew that Svein was a key to understanding what had happened.

Svein knew he had to disappear, but Roger had other plans. One evening, Svein found a note on his door. *"We need to talk. If not, you're next."*

Svein realized Roger saw him as a threat. If Svein talked to the police, everything would fall apart for Roger and his men. Svein decided to find Roger before Roger found him.

Svein tracked Roger to an abandoned warehouse on the outskirts of town. There, in a dark corner, sat Roger and several of his men.

"Svein, you're a brave man to come here," Roger said with a crooked smile. "Or stupid."

"I just want to know one thing," Svein said. "Why? Why shoot the cashier?"

Roger chuckled briefly. "He recognized me. It wasn't personal, just a necessity."

Svein felt his anger building. He'd seen enough blood in his life, and this was unnecessary.

"And now, what are you going to do with me?" Svein asked.

Roger stood up and pulled out a knife. "That depends on what you plan to do, Svein."

Before the situation could escalate, the police stormed the building. Linda Grønn led the charge, gun raised.

"Roger Evensen, you're under arrest!" she shouted.

Roger tried to run, but Svein grabbed him, knocked him to the ground, and held him there until the police arrived.

Linda looked at Svein with a calculating glance. "You've got interesting timing, Haugland."

"I just wanted to clean up this mess," Svein replied.

Roger and his men were convicted of robbery and murder. Linda Grønn recommended that Svein's sentence be reduced for helping the police.

For the first time in a long while, Svein felt that maybe he could start over. Life in Bergen would never be easy, but he had been given a second chance. Maybe this time, he would manage to stay on the right side of the law.

The rain continued to fall over Bergen, but for Svein, it felt like a sort of cleansing. The clouds lifted, and he could almost see the sun behind them.

En Grusom Jul

Lillehammer lå under et teppe av snø, og gatene var pyntet med blinkende julelys. Det var desember, og Berit Gundersen hadde nettopp satt seg ned med en kopp gløgg i sitt lune kjøkken. Etter 40 år som lærer hadde hun endelig tid til å nyte adventsdagene i fred. Men denne julen skulle bli alt annet enn fredelig.

Det hele begynte en tidlig desembermorgen. Hans Pettersen, Berits nabo og pensjonert postmann, ringte febrilsk på døren hennes. Berit åpnet og så en blek Hans stå der, med en pakke i hånden.

– Berit, du må hjelpe meg! Jeg tror noen prøver å forgifte meg!

Berit kikket forvirret på pakken han holdt fram. Den var pent innpakket med rødt silkebånd.

– Jeg fikk denne puddingene i går, og jeg tenkte å smake på den etter middag, men nå er jeg så dårlig at jeg knapt kan stå på beina.

Berit inviterte Hans inn og satte ham i sofaen. Han fortalte henne at puddingen smakte litt bittert, men at han ikke hadde mistenkt noe før han våknet midt på natten med voldsom kvalme.

Berit var ikke typen til å sitte stille når det skjedde noe mistenkelig. Hun hadde alltid vært nysgjerrig, noe som gjorde henne til en populær, men også litt slitsom lærer. Hun bestemte seg for å finne ut hvem som hadde sendt puddingen, og hvorfor den var forgiftet.

– Hans, husker du noe spesielt med pakken? spurte hun.

– Bare at den lå på trappen min da jeg kom hjem fra skitur i går. Ingen lapp, ingen avsender.

Berit rynket pannen. – Jeg tror vi begynner med Marta Øyen. Hun lager de fleste puddingene i byen.

Bakeriet til Marta Øyen lå midt i gågata, og duften av nybakte pepperkaker og lussekatter fylte luften. Berit gikk rett til skranken.

– Marta, har du solgt noen puddinger den siste tiden? spurte hun, etter å ha forklart situasjonen.

Marta ble først forfjamset, men så bekreftet hun at hun hadde solgt flere puddinger til ulike kunder.

– Men jeg kan forsikre deg om at jeg aldri ville forgifte noen! sa hun opprørt.

Berit ba om navnene på kundene, og Marta nølte før hun ga henne listen. Der sto flere kjente navn, inkludert en viss fru Andersen som Berit visste hadde hatt en krangel med Hans forrige uke.

Berit besøkte fru Andersen, som bodde i en liten rød hytte i utkanten av byen. Fru Andersen var kjent for sitt skarpe temperament, og hun tok ikke godt imot besøk.

– Hva vil du? spurte hun mistenksomt.

– Jeg lurer på om du har noe å gjøre med puddingen Hans fikk, sa Berit rett fram.

Fru Andersen himlet med øynene. – Den mannen er en pest og en plage, men jeg ville aldri forgifte ham!

Berit kjente at hun måtte bruke en annen strategi. Hun bestemte seg for å gå tilbake til bakeriet for å snakke mer med Marta.

Tilbake hos Marta Øyen innså Berit noe hun hadde oversett tidligere. På en hylle bak disken sto en rekke flasker med krydder og essenser.

– Marta, hva er det der? spurte Berit og pekte på en ukjent flaske med en merkelig etikett.

Marta rødmet. – Å, det er en eske jeg fikk fra min fetter i utlandet. Han sender meg spesielle ingredienser.

Berit åpnet flasken og luktet på innholdet. Det hadde en skarp, ubehagelig lukt.

– Marta, dette kan være årsaken til Hans' forgiftning.

Marta ble forskrekket. – Jeg brukte bare en liten dose i en pudding! Jeg ante ikke at det var farlig.

Berit tok flasken med seg og leverte den til politiet for testing. Det viste seg at innholdet var en sjelden krydderessens som kunne være giftig i store doser.

Marta var lettet over at det ikke var en bevisst handling, men hun lovet å være mer forsiktig med ingredienser i fremtiden.

Hans kom seg etter forgiftningen og inviterte Berit på middag for å takke henne.

– Berit, du burde bli detektiv, sa han med et smil.

Berit lo. – Nei, Hans. Jeg er bare en nysgjerrig pensjonist.

Snøen fortsatte å dale utenfor vinduet, og Lillehammer var igjen et rolig, idyllisk sted – i hvert fall for nå.

A Cruel Christmas

Lillehammer lay under a blanket of snow, and the streets were decorated with twinkling Christmas lights. It was December, and Berit Gundersen had just sat down with a cup of mulled wine in her cozy kitchen. After 40 years as a teacher, she finally had time to enjoy the Advent days in peace. But this Christmas was about to be anything but peaceful.

It all started one early December morning. Hans Pettersen, Berit's neighbor and retired postman, frantically rang her doorbell. Berit opened the door and saw a pale Hans standing there with a package in his hand.

"Berit, you have to help me! I think someone's trying to poison me!"

Berit looked at the package he was holding. It was neatly wrapped with a red silk ribbon.

"I got this pudding yesterday, and I was going to taste it after dinner, but now I feel so sick I can barely stand."

Berit invited Hans inside and sat him on the sofa. He told her the pudding tasted a little bitter, but he hadn't suspected anything until he woke up in the middle of the night with severe nausea.

Berit wasn't the type to sit still when something suspicious happened. She had always been curious, which had made her a popular, albeit sometimes exhausting, teacher. She decided to find out who had sent the pudding, and why it was poisoned.

"Hans, do you remember anything special about the package?" she asked.

"Only that it was on my doorstep when I came back from a ski trip yesterday. No note, no sender."

Berit furrowed her brow. "I think we should start with Marta Øyen. She makes most of the puddings in town."

Marta Øyen's bakery was in the middle of the shopping street, and the air was filled with the scent of freshly baked gingerbread and saffransbullar (saffron buns). Berit went straight to the counter.

"Marta, have you sold any puddings recently?" she asked, explaining the situation.

Marta was initially taken aback, but then she confirmed that she had sold several puddings to different customers.

"But I can assure you, I would never poison anyone!" she said, upset.

Berit asked for the names of the customers, and Marta hesitated before giving her the list. Among the names was a certain Mrs. Andersen, whom Berit knew had had an argument with Hans the previous week.

Berit visited Mrs. Andersen, who lived in a small red cabin on the outskirts of town. Mrs. Andersen was known for her sharp temper and didn't welcome visitors easily.

"What do you want?" she asked suspiciously.

"I'm wondering if you have anything to do with the pudding Hans received," Berit said straightforwardly.

Mrs. Andersen rolled her eyes. "That man is a pest and a nuisance, but I would never poison him!"

Berit felt she needed to try a different approach. She decided to go back to the bakery to talk more with Marta.

Back at Marta Øyen's bakery, Berit realized something she had overlooked earlier. On a shelf behind the counter were several bottles of spices and essences.

"Marta, what's that?" Berit asked, pointing to an unfamiliar bottle with a strange label.

Marta blushed. "Oh, it's a box I got from my cousin abroad. He sends me special ingredients."

Berit opened the bottle and smelled the contents. It had a sharp, unpleasant odor.

"Marta, this could be the cause of Hans' poisoning."

Marta was shocked. "I only used a small amount in one pudding! I had no idea it was dangerous."

Berit took the bottle and delivered it to the police for testing. It turned out that the contents were a rare spice essence that could be toxic in large doses.

Marta was relieved to find out it wasn't a deliberate act, but she promised to be more careful with ingredients in the future.

Hans recovered from the poisoning and invited Berit to dinner to thank her.

"Berit, you should become a detective," he said with a smile.

Berit laughed. "No, Hans. I'm just a curious pensioner."

The snow continued to fall outside the window, and Lillehammer was once again a peaceful, idyllic place—at least for now.

Farlig Farvann

De majestetiske fjellene i Lofoten speilet seg i det mørke, kalde vannet. Lars Øverland sto på dekk og skuet utover havet, med en kald vind som bet i ansiktet. Som marinbiolog hadde han tilbrakt uker på feltarbeid her, men noe føltes annerledes denne gangen. Det var en uro i luften, en følelse han ikke kunne riste av seg.

Emma Blix, hans kollega og nærmeste venn, hadde forsvunnet sporløst dagen før. Hun hadde vært på vei ut for å undersøke en liten bukt kjent for sitt rike dyreliv. Nå var det som om både Emma og båten hennes hadde blitt slukt av havet.

Lars bestemte seg for å dra til den lokale havnen i Henningsvær for å snakke med fiskerne. Hvis noen hadde sett eller hørt noe, var det dem.

Erik Skogen, en eldre fisker kjent for sine skarpe observasjoner, satt på en krakk utenfor bryggen. Lars nærmet seg.

– Erik, jeg trenger din hjelp, begynte Lars. – Har du sett Emma? Hun dro ut i går morges og kom aldri tilbake.

Erik rynket pannen og stirret på Lars med et alvorlig blikk.

– Jeg så båten hennes tidlig i går, sa han langsomt. – Men hun var ikke alene.

Lars kjente hjertet banke raskere. – Hva mener du?

– Jeg så to menn med henne. Ukjente folk. De gikk om bord, og så dro båten mot nord.

Lars kunne ikke ignorere Erik sine ord. Han bestemte seg for å undersøke selv. Han visste at Emma hadde vært interessert i å kartlegge en skjult undervannsstruktur nord for øya. Kanskje det var der hun hadde dratt.

Han lånte en liten båt og satte kurs mot stedet. Da han nærmet seg bukten, så han noe merkelig. En stor lastebåt lå ankret opp, og det var aktivitet på dekk. Menn i mørke klær lastet kasser ned i småbåter.

Lars holdt seg i skjul, men det han så, ga ham frysninger. Dette var ingen vanlig fiskeoperasjon. Det så ut som smugling.

Lars gikk i land et stykke unna og nærmet seg bukten til fots. Mens han kikket gjennom kikkert, hørte han plutselig en stemme bak seg.

– Du burde ikke være her.

Han snudde seg raskt og så Erik stå der med en alvorlig mine.

– Erik? Hva gjør du her? spurte Lars.

– Jeg kunne ikke la deg dra alene, sa Erik. – Disse mennene er farlige.

Lars forklarte hva han hadde sett, og Erik nikket.

– Det er en smuglerliga som har operert her i flere måneder. De bruker buktene til å gjemme varer før de frakter dem videre.

– Og Emma? spurte Lars.

Erik så ned. – Jeg frykter at hun kanskje oppdaget noe hun ikke skulle ha sett.

Lars og Erik la en plan for å komme nærmere. De ventet til natten falt på, og med lommelykter og våtdrakter nærmet de seg lastebåten i en liten robåt.

Da de kom nærmere, hørte de stemmer fra båten.

– Hva gjør vi med henne? spurte en grov stemme.

– Hun vet for mye, svarte en annen.

Lars kjente sinnet koke. Emma var i live, men tydeligvis fanget. Han hvisket til Erik.

– Vi må få henne ut.

De klatret om bord i båten og fant Emma bundet i en liten lugar. Hun var sliten, men uskadd.

– Lars? Hvordan...? hvisket hun da hun så ham.

– Ingen tid til forklaringer, svarte han og begynte å løsne tauene.

De tre klarte å snike seg av båten og tilbake til robåten, men smuglerne oppdaget dem da de var midt på vannet. Et skudd smalt i mørket, og Lars ropte til Erik om å ro raskere.

Heldigvis kom de seg unna og nådde land. Emma var trygg, men Lars visste at dette ikke var over. Han varslet politiet, som raskt aksjonerte mot smuglerligaen.

Senere, mens Lars og Emma satt trygt på et lokalt vertshus, snakket de om det som hadde skjedd.

– Jeg hadde aldri klart dette uten deg, Lars, sa Emma.

Lars smilte. – Og jeg hadde aldri klart det uten Erik.

Erik satt ved bardisken og nikket beskjedent.

Lars visste at Lofoten, med sin storslåtte natur og dype farvann, fortsatt skjulte mange hemmeligheter. Men han hadde også lært at han aldri skulle undervurdere sitt eget mot – eller lojaliteten til dem rundt seg.

Dangerous Waters

The majestic mountains of Lofoten mirrored themselves in the dark, cold waters. Lars Øverland stood on the deck, gazing out over the sea, with a cold wind biting at his face. As a marine biologist, he had spent weeks on fieldwork here, but something felt different this time. There was an unease in the air, a feeling he couldn't shake.

Emma Blix, his colleague and closest friend, had vanished without a trace the day before. She had been heading out to investigate a small bay known for its rich wildlife. Now it seemed as if both Emma and her boat had been swallowed by the sea.

Lars decided to go to the local harbor in Henningsvær to speak with the fishermen. If anyone had seen or heard something, it would be them.

Erik Skogen, an older fisherman known for his sharp observations, was sitting on a bench outside the dock. Lars approached him.

"Erik, I need your help," Lars began. "Have you seen Emma? She went out yesterday morning and never returned."

Erik furrowed his brow and stared at Lars with a serious look.

"I saw her boat early yesterday," he said slowly. "But she wasn't alone."

Lars felt his heart race. "What do you mean?"

"I saw two men with her. Strangers. They boarded the boat, and then it headed north."

Lars couldn't ignore Erik's words. He decided to investigate himself. He knew that Emma had been interested in mapping a hidden underwater structure north of the island. Perhaps that was where she had gone.

He borrowed a small boat and set course for the location. As he neared the bay, he saw something strange. A large cargo ship was anchored, and there was activity on deck. Men in dark clothes were unloading crates into smaller boats.

Lars kept himself hidden, but what he saw sent shivers down his spine. This was no ordinary fishing operation. It looked like smuggling.

Lars landed a little further away and approached the bay on foot. While scanning through his binoculars, he suddenly heard a voice behind him.

"You shouldn't be here."

He turned quickly and saw Erik standing there with a serious expression.

"Erik? What are you doing here?" Lars asked.

"I couldn't let you go alone," Erik said. "These men are dangerous."

Lars explained what he had seen, and Erik nodded.

"It's a smuggling ring that's been operating here for months. They use the bays to stash goods before shipping them out."

"And Emma?" Lars asked.

Erik looked down. "I fear she may have discovered something she shouldn't have."

Lars and Erik made a plan to get closer. They waited until nightfall, and with flashlights and wetsuits, they approached the cargo ship in a small rowboat.

As they got closer, they heard voices from the boat.

"What do we do with her?" a gruff voice asked.

"She knows too much," replied another.

Lars felt his anger rise. Emma was alive, but clearly captured. He whispered to Erik.

"We have to get her out."

They climbed aboard the ship and found Emma tied up in a small cabin. She was tired but unharmed.

"Lars? How...?" she whispered when she saw him.

"No time for explanations," he replied, starting to untie the ropes.

The three of them managed to sneak off the ship and back to the rowboat, but the smugglers spotted them when they were halfway across the water. A shot rang out in the dark, and Lars shouted to Erik to row faster.

Fortunately, they managed to escape and reached land. Emma was safe, but Lars knew this wasn't over. He alerted the police, who quickly moved against the smuggling ring.

Later, as Lars and Emma sat safely in a local tavern, they talked about what had happened.

"I never could have done this without you, Lars," Emma said.

Lars smiled. "And I never could have done it without Erik."

Erik sat at the bar, nodding modestly.

Lars knew that Lofoten, with its breathtaking nature and deep waters, still held many secrets. But he had also learned that he should never underestimate his own courage—or the loyalty of those around him.